Bernd Wißner

Augsburg

Neue Bilder einer Stadt

Wißner

Wir danken unseren Fotografen für ihre engagierte Mitarbeit. Ohne sie wäre ein Bildband in dieser Themenbreite und Qualität nicht möglich:

Angelika Prem (54), Norbert Liesz (25), Beatrice Schubert (20), Peter Bögl (13), Bernd Wißner (9), Roland Schnell (7), Martin Küchelbacher (7), Eberhard Pfeuffer (4), Dieter Gillessen (4), Klaus Lipa (4), Werner Renz (3), Silvio Wyszengrad (3), Volker Mai (2), Nik Schölzel (1), Stefan Schmidt (1), Jürgen Blind/Simone Dieter (1), Norbert Steffan (1), Christina Bleier (1), Hans Rohmeder (1), Ulrich Wagner (1), Sascha Schneider (1), Karl Fieger (1), Alexander Kaya (1), Alfred Neff (1)
(in Klammern die Anzahl der Bilder)

Cover: Bernd Wißner, Norbert Liesz.
Bildbearbeitung: Alfred Neff
Assistenz bei der Bildauswahl: Matthias Gackowski

Wir bitten um Nachsicht und Nachricht, falls wir in der Fülle der Bilder eines nicht richtig zugeordnet haben. Es wird mit der nächsten Auflage korrigiert.

Bibliografische Information Der Deutschen Bibliothek
Die Deutsche Bibliothek verzeichnet diese Publikation in der Deutschen Nationalbibliografie; detaillierte bibliografische Daten sind im Internet über http://dnb.ddb.de abrufbar.

www.wissner.com
ISBN 978-3-89639-985-4
Druck: Joh. Walch, Augsburg

Gedruckt mit UV-LED-Technologie

Augsburg – Stadt der Vielfalt

Der Versuch, für Augsburg eine Marketingstrategie zu entwickeln, führt stets zum gleichen Dilemma: Welches Thema auch gewählt wird, es gibt mindestens zehn weitere Highlights, mit denen die Stadt ebenso punkten könnte. Weltberühmte Künstler stammen von hier, wie die Familie Mozart und Bertolt Brecht. Mit Elias Holl hatte die Stadt einen großen Baumeister, mit Rudolf Diesel einen weltweit bekannten Ingenieur.

In jeder Phase seiner 2000-jährigen Geschichte hatte Augsburg Großartiges zu bieten. Wer offen für die Perlen einer Stadt ist, trifft hier auf zahlreiche schöne Winkel, die von diesen Epochen erzählen. Wer die Stadt lesen kann, wird sie lieben.

Beatrice Schubert

Die Stadt des Augustus

Die 2000-jährige Stadtgeschichte besteht aus vier Epochen zu je 500 Jahren. Augustus selbst war es, der die erste Epoche einläutete, diese Region erobern ließ und der Stadt ihren Namen gab. Augsburg wurde Hauptstadt von Raetien, einem Gebiet, das vom heutigen Österreich bis zu den Vogesen reichte. Zahlreiche archäologische Funde zeugen von dieser Zeit. Es sind großartige Exponate, die gern von anderen Museen ausgeliehen werden. Wegen der Renovierung des Römischen Museums in der Dominikanerkirche ist eine außerordentlich gelungene Behelfsausstellung im Zeughaus untergebracht.

Norbert Liesz

Angelika Prem

Die Zirbelnuss

Von den Römern wurde auch die heutige Wappenfigur der Stadt, der Pinienzapfen, übernommen. Doch das geschah erst, als in der Renaissance die Antike zum Vorbild wurde. An der Römermauer beim Dom sind einige derartige Fundstücke zusammengestellt. Der Augsburger nennt sein Wappensymbol „Zirbelnuss", das passt zu ihm.

Die Römer bauten Fernstraßen, wie z. B. die Via Claudia, die von der Donau über Augsburg bis in die Oberitalienische Tiefebene führte. Sie waren die Nerven und die Adern des gewaltigen Reiches. Von Händlern, Soldaten und Boten wurden sie täglich benutzt. Meilensteine markierten die Streckenabschnitte.

Die Bischofsstadt

Um 500 n. Chr. müssen die Römer hereindrängenden Germanenstämmen aus dem Norden weichen. Menschen verschiedenster Herkunft, deshalb Alemannen genannt, übernehmen die Herrschaft. Augsburg wird nun von Fürstbischöfen regiert. Die Grundmauern des heutigen Augsburger Doms entstehen nur einen Steinwurf von den Römerdenkmälern entfernt. Details weisen auf das Alter hin: Von den Dämonen des Mittelalters über die Baustile von Romanik und Gotik sowie Kunstwerken aus der frühen Neuzeit bis in die Gegenwart ist alles vertreten.

Bilder: Angelika Prem

Peter Bögl

Zu den zahlreichen großen Kunstwerken im Dom gehören auch die Glasfenster. Sie umspannen einen Zeitraum von 1000 Jahren: von den Prophetenfenstern, diesem ältesten Glasfensterzyklus der Welt, bis zu dem aktuellen Triptychon im Westchor von Johannes Schreiter.

Angelika Prem

In der Krypta

Der Besucher des Doms wird feststellen, dass neben der großartigen Architektur des Kirchenschiffs und der dort zahlreich vorhandenen Kunstschätze die Krypta eine eigene, dies alles überbietende mystische Aura hat.

Angelika Prem

Beatrice Schubert

Roland Schnell

Bilder: Diözesanmuseum

Eines der erhabensten Kunstwerke in Augsburg ist die etwa 1000 Jahre alte bronzene Domtür. Sie ist das zentrale Exponat des am Dom angebauten Diözesanmuseums. Die Bronzetafeln erzählen von den großen Wundern des Alten Testaments und von den Jahreszeiten. Die nahezu modern wirkende Erschaffung Evas ist Vorbild für viele ähnliche Darstellungen des folgenden Jahrtausends. Selbstverständlich ist ein Teil der Ausstellung dem berühmten Bischof Ulrich gewidmet.

Der grüne Gürtel

Den Fürstbischöfen verdankt Augsburg auch die Stadtmauer, die rund um die Innenstadt verläuft. Sie ist heute eine Erholungsoase in Citynähe, die nicht genug geschätzt werden kann.
Die Mauer zwischen Königsplatz und Rotem Tor ist längst abgerissen, doch der Wall mit seiner zu jeder Jahreszeit erfrischenden Vegetation ist geblieben.

Bilder: Angelika Prem

Die Freilichtbühne am Roten Tor

Ab dem Roten Tor führt die Stadtmauer fast ununterbrochen um die ganze City herum, über die Lueginsland-Bastion zum Wertachbrucker Tor, am Eisstadion vorbei und den Klinkerberg hinauf. Lediglich das kurze Stück bis zum Königsplatz fehlt.

Die Anlagen rund um das Rote Tor bieten vielfältige Freizeitmöglichkeiten: die Freilichtbühne im alten Gemäuer, der Wallhügel mit seinen verschwiegenen Winkeln und dem Guckloch auf St. Ulrich, die Wiesen als Schauplatz für das Historische Bürgerfest und mehrere Spielplätze.

Angelika Prem

NIK Schölzel

Grün im Lebensraum Stadt

In die Rote-Torwall-Anlagen ist auch der Kräutergarten eingebettet. Er ist eine Oase der Ruhe und man darf sogar Kräuter für den eigenen Bedarf mitnehmen. Der Innere Stadtgraben führt weiter an der Stadtmauer entlang, gesäumt von Freizeitarealen, Rad- und Fußwegen.

Eberhard Pfeuffer

Eberhard Pfeuffer

Angelika Prem

Wege und Wasser

Die alte Mauer wird vom Stadtgraben und idyllischen Fußwegen begleitet. Am Vogeltor teilt sich der Graben. Ein erst im 16. Jahrhundert entstandener Stadtteil, die Jakobervorstadt, wurde nachträglich mit einem Wall vor Feinden geschützt. Das Jakobertor sicherte die östliche Ausfallstraße.

Angelika Prem

Norbert Liesz

Brechts Revier

Der Weg am romantischen Jakoberwall führt an mehreren Wehr- und Wassertürmen vorbei, streift die Kahnfahrt und den Fünffingerlesturm. Der junge Brecht wohnte in der Nähe und verbrachte mit Freunden viel Zeit an den Gewässern.

Beatrice Schubert

Roland Schnell

Bollwerk einer reichen Stadt

Stadtgraben und Mauer kommen in der Nähe der Schwedenstiege wieder zusammen und bilden bis zur Lueginslandbastei eine eindrucksvolle Wehranlage. Zu beiden Seiten der Mauer führen schöne Wege zu interessanten Plätzen wie z.B. dem Venezianischen Brunnen bei der Schwedenstiege.

Angelika Prem

Roland Schnell

Angelika Prem

Auf alten Wegen

Früher bot die Mauer den notwendigen Schutz vor den feindlichen Bayern, heute beschützt sie Liebespaare: Der Stoinerne Moa, Denkmal an eine furchtbare Belagerung während des 30-jährigen Krieges, wird zum Liebesglücksbringer. Glückliche Zeiten!

Beatrice Schubert

Beatrice Schubert

Bernd Wißner

Angelika Prem

Stadt der Renaissance

Die letzten 500 Jahre der Stadtgeschichte beginnen mit der Renaissance. Augsburger Kaufleute brachten das neue Gedankengut aus Italien mit. Es war auch ihr Geld, der dem neuen Stil Aufschwung gab. Die Fuggerkapelle der Annakirche ist der erste Renaissancebau in Deutschland. Die Baupläne werden Albrecht Dürer zugeschrieben.

Bilder: Klaus Lipa

Bernd Wißner

Silvio Wyszengrad

Holls Meisterwerk

Unter dem berühmten Stadtbaumeister Elias Holl entstanden nicht nur Pläne für eine moderne Stadt, sondern auch überaus gelungene Bauwerke. Rathaus und Perlachturm gelten als das schönste Renaissance-Ensemble nördlich der Alpen und sind das Wahrzeichen der Stadt.

Norbert Liesz

Bernd Wißner

Goldene Pracht, entstanden aus Ruinen

Eine der größten Touristenattraktionen ist der Goldene Saal im Rathaus. Er entstand einst als Reichstagsplenarsaal, wurde aber wegen des 30-jährigen Krieges nicht mehr dafür verwendet. Eine Fliegerbombe im 2. Weltkrieg zerstörte den Mittelteil des Rathauses. Heute bewundern wir einen engagierten Nachbau.

Stefan Schmidt

Stadtgeschichte zum Anfassen

Im Unteren Fletz des Rathauses kann man mittels 25 Bronzefiguren die 2000-jährige Stadtgeschichte „begreifen". Kurze Texte, auch in Blindenschrift, erklären die Objekte genauer.

Norbert Liesz

Bernd Wißner

Bilder: Bernd Wißner

Der Augustusbrunnen vor dem Rathaus gehört ebenfalls zu den größten Kunstwerken der Stadt. Neben dem Stadtgründer sind auch die Allegorien der vier Augsburger Flüsse großartig dargestellt. Sie zeigen die Lebensgrundlage der Stadt: den Lech mit seiner Wasserkraft und der Flößerei, den Brunnenbach mit seinem Fischreichtum, die Singold, die Obst- und Gemüsegärten bewässerte, und die Wertach, an deren Ufer der Dinkel wuchs.

Der Merkurbrunnen

Zwei weitere Brunnen wurden ebenfalls bei den namhaftesten Künstlern der Zeit in Auftrag gegeben, die Stadt wollte ihren Reichtum zeigen! Am Moritzplatz wurde der Merkurbrunnen aufgestellt. Ein Putto schnürt dem Gott der Kaufleute die Sandale auf. „Bleib, wir können dich hier gut gebrauchen", will er wohl sagen.

Martin Küchelbacher

Angelika Prem

Beatrice Schubert

Der Herkulesbrunnen

Der dritte Prachtbrunnen widmet sich ganz dem Thema Wasser: Herkules erschlägt die Hydra, Najaden geben sich der Körperpflege hin und Meeresgötter speien Wasser. Puttos ahmen Herkules nach und richten seine Waffen gegen Gänse. Es lohnt sich, jede Figur im Detail zu betrachten, alle sind künstlerisch hochwertig gestaltet.

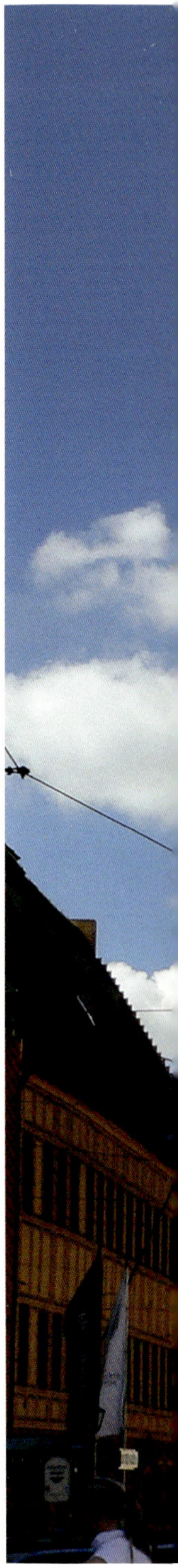

Angelika Prem

Martin Küchelbacher

Ähnlich wie der Augustusbrunnen das Ensemble um das Rathaus vervollständigt, korrespondiert der Herkulesbrunnen mit der Basilika St. Ulrich und Afra, dem zweiten Wahrzeichen der Stadt. Die prächtigen Fassaden der Patrizierhäuser umrahmen die weite Maximilianstraße. Ein Ambiente, das gern für Straßenfeste gewählt wird.

Norbert Liesz

Beatrice Schubert

Das Maximilianmuseum

In diesem ehemaligen Patrizierhaus werden die Schätze aus der Stadtgeschichte präsentiert. Hier befinden sich auch die wertvollen Originale der Brunnenfiguren und die weltberühmten Augsburger Silberwaren.
Das Denkmal Hans Fuggers steht auf dem Vorplatz. Ihm verdankt Bayern ein wesentliches Kulturgut: den Grundstock der Bayerischen Staatsbibliothek.

Silvio Wyszengrad

Angelika Prem

Fuggerstadt Augsburg

Was wäre Augsburg ohne Jakob Fugger den Reichen? Er war ein genialer Firmenchef und letztlich auch der „Finanzminister" von Kaiser Maximilian I., der oft von Augsburg aus die Geschicke des großen Habsburger Reiches lenkte.

Touristenattraktion Nummer 1 ist die Fuggerei, die erste Sozialsiedlung der Welt, die nach weitgehender Zerstörung im 2. Weltkrieg trotz der wirtschaftlichen Notlage unverzüglich wieder aufgebaut wurde.

Finanziert wurde dies aus Stiftungsmitteln. Dabei wurde der äußerliche Charakter der Häuser wieder hergestellt, innen wurden sie jedoch den modernen Bedürfnissen angepasst. So ist der einmalige Charme der Siedlung erhalten geblieben.

Beatrice Schubert

Bernd Wißner

Angelika Prem

Beatrice Schubert

Jürgen Blind / Simone Dieter

Stadthauptmann Gerhard Schlich wartet auf die ersten Touristengruppen des Tages.

Angelika Prem

Beatrice Schubert

Christina Bleier

Stiftungsmittel aus Fuggerschem Waldbesitz machen es auch heute noch möglich, dass die Bewohner der Sozialsiedlung wie zu damaligen Zeiten für einen Rheinischen Gulden, umgerechnet 1,88 €, Jahresmiete plus Nebenkosten versorgt werden.

Angelika Prem

Angelika Prem

Hans Rohmeder

Den Gegenpol zur Fuggerei bildet der Fuggerpalast an der Maximilianstraße mit seinen Innenhöfen. Hier ist auch der Eingang zu den unlängst renovierten sog. Badstuben. Hans Fugger ließ sich beide Räume als Sammlungskabinett anlegen. Sie wurden Musensaal und Zodiaksaal genannt und waren zur Unterbringung der Bibliothek sowie einer Kunstsammlung entstanden. Aus konservatorischen Gründen können heute nur limitierte Besuchergruppen zugelassen werden.

Bilder: Peter Bögl

Bilder: Norbert Liesz

Das Fugger und Welser Erlebnismuseum

Ein neuer touristischer Anziehungspunkt ist das einzige erhalten gebliebene Haus aus der Renaissance, in dem der berühmte Optiker Johann Wiesel seine Wirkungsstätte hatte. Hier entstand in den letzten Jahren ein Museum, das mit den modernsten technischen Mitteln die Zeit der Fugger und Welser und deren weltweite Handelsverbindungen lebendig macht.

Stadt des Wassers

Augsburg gehört zu den ersten Städten auf der Welt, die eine Versorgung mit sauberem Trinkwasser bis in die Haushalte hinein hatten. Der Grundstock wurde durch den Bau der Wassertürme am Roten Tor geschaffen. Reines Quellwasser wurde über einen Aquädukt hierhergeleitet und mittels Wasserkraftt in die Sammelbecken in der Turmspitze gepumpt. Durch die Höhe hatte das Wasser nun genügend Druck, um die Häuser der Patrizier zu erreichen.
Augsburg bewirbt sich mit dem Thema „Wasser" für einen Eintrag in der Welterbeliste der UNESCO. Die Besichtigung der Türme ist ein absolutes Highlight!

Bilder: Angelika Prem

Beatrice Schubert

Wasser aus dem Stadtwald

Über diesen Aquädukt bei den Rote-Torwall-Anlagen wurde das frische Quellwasser zu den Wassertürmen geleitet. Das Wasser stürzte anschließend in den Stadtgraben. Das Gefälle wurde genutzt, um die Pumpen anzutreiben.

Norbert Liesz

Norbert Liesz

Ausgesprochen reizvoll ist die Innenarchitektur der Wassertürme. Eine doppelte Wendeltreppe führt auf- und abwärts. Das schwarze Gestänge deutet die damalige Position des Wasserbeckens an. Alle Details dieses Profanbaus sind liebevoll gestaltet.

Beatrice Schubert

Um 1870 erkannte man, dass Krankheiten wie die tödliche Cholera auf verunreinigtes Trinkwasser aus Ziehbrunnen zurückzuführen waren. In kürzester Zeit wurde am Hochablass ein neues Wasserwerk gebaut. Statt Wassertürmen übernahmen nun Doppelhubpumpen und Druckwindkessel die Aufgabe, das Wasser in die 20 m höheren Haushalte zu pumpen, eine Entwicklung der MAN. Auch bei diesem Profangebäude wurde auf eine gediegene Architektur geachtet. Das Wasserwerk ist heute auf Anfrage oder bei bestimmten Gelegenheiten zu besichtigen.

Norbert Liesz

Norbert Liesz

Eberhard Pfeuffer

Der Lech, Augsburgs Schatztruhe! Ohne die Lechflößerei, die Steine und Bauholz in die Stadt brachte, und ohne seine Wasserkraft durch ein Gefälle von 26 Metern innerhalb des Stadtgebiets wäre Augsburg nur ein unbedeutendes Städtchen geblieben.
Hier fließt der Lech eingeengt an einem richtigen Urwald vorbei, der Wolfzahnau. Eine dringende Renaturierung der oberen Strecke im Stadtgebiet wird geplant.

Wertach, wieder vital

Über Jahrhunderte hinweg war die Wertach aus wirtschaftlichen Gründen stetig kanalisiert worden. Nach dem Pfingsthochwaser von 1999 begann das Umdenken. Unter dem Motto „Wertach Vital" wird der Fluss nun streckenweise renaturiert. Es ist erstaunlich, wie schnell die Natur die gewonnenen Freiflächen zurückgewinnt. Lebensräume für Menschen, Tiere und Pflanzen sind entstanden, die Hochwassergefahr wurde gebannt.

Bilder: Angelika Prem

Bilder: Angelika Prem

Trinkwasserquelle Brunnenbach

Mehrere kleine Quellbäche entspringen im Stadtwald und werden zum Brunnenbach, der von Kopfweiden gesäumt bei Siebenbrunn am schönsten ist. Sein klares Quellwasser wurde früher über die Wassertürme in die Häuser der Reichen geleitet. Heute erfreut der Bach nur noch Spaziergänger und Zootiere, denn hier im Zoo endet er. Einst füllte er aber auch den Graben an der Stadtmauer und mündete später in den Lech. Sein Fischreichtum ist legendär, denn aus dem Lech kamen vor allem die Barben zu Tausenden, um im Brunnenbach abzulaichen. Der Stadtfischer hatte im heutigen Barfüßercafé seinen Standort.

Die Lechkanäle

Schon früh war begonnen worden, das Gefälle in der Stadt für die Gewinnung von Energie auszunutzen. Dazu wurden vom Lech Kanäle abgestochen und durch die Stadt geleitet. Davon profitierten die vielen Textilbetriebe und die Schmieden. Wasserräder trieben zunächst die Maschinen mechanisch an, später wurde mit Turbinen Strom erzeugt. Trinkwasser aus dem Brunnenbach und Lechwasser wurden damals strikt getrennt. Beim Liliom ist noch heute die metallene Brücke des Brunnenbachs über einem Lechkanal zu sehen.

Roland Schnell

Angelika Prem

Norbert Steffan

Beatrice Schubert

Vereinigung

Der Stadtbach vereint schließlich die vielen Lechkanäle und fließt in der Wolfzahnau mit dem Proviantbach zusammen (Bild unten). Wenig später wird die Energie aller Kanäle noch ein letztes Mal von einem Kraftwerk genutzt. Dann münden sie in den Zusammenfluss von Lech und Wertach an der nördlichen Stadtgrenze.

Angelika Prem

Am Hochablass

Die Wasserkraft des Lechs war schon früh durch die Staustufe am Hochablass optimiert worden. Über den Neubach und den Hauptstadtbach werden die vielen Kanäle der Stadt gespeist. In den letzten Jahren ist zusätzlich ein modernes Kraftwerk zur Stromgewinnung in der Staumauer entstanden.
Der Kuhsee auf der gegenüberliegenden Lechseite gehört zu Augburgs größten Freizeitattraktionen.

Angelika Prem

Norbert Liesz

Angelika Prem

Die italienische Stadt

Augsburg wird oft als die nördlichste Stadt Italiens bezeichnet. Das mag einerseits an den Renaissancebauten liegen, aber sicher auch an der „unteren Stadt“, d.h. dem Lechviertel und dem Ulrichsviertel. Denn hier fließen die vielen Lechkanäle hindurch, die zusammen mit den engen Gassen den mediterranen Eindruck erwecken. Das Geburtshaus von Bert Brecht, das durch den roten Blech-Brecht auf sich aufmerksam macht, liegt zwischen zwei Kanälen, dem Hinteren Lech und dem Mittleren Lech.

Beatrice Schubert

Bilder:
Peter Bögl

Peter Bögl

Manche Gassen beherbergen kleine Läden und Restaurants, andere sind fast reine Wohnviertel, in denen es sich herrlich bummeln lässt.

Angelika Prem

Peter Bögl

Augsburger Frieden

Zwei weitere Markenzeichen für Augsburg entstanden durch die Wirrungen der Reformation: die Confessio Augustana, also das Augsburger Bekenntnis, das seitdem weltweit die Grundlage der evangelischen Konfession ist, und die Pax Augustana, der Augsburger Frieden. Dies war ein auf dem Reichstag von 1555 ausgehandelter Frieden zwischen den beiden Konfessionen.
In Augsburg leben heute Menschen aus aller Herren Länder. Dutzende von Religionen, Konfessionen und Weltanschauungen könnten hier aufeinanderprallen. Der Anteil an Migrantenkindern in den Schulen liegt bei über 50 %. Doch es bleibt friedlich. Der Augsburger Frieden scheint in den Einwohnern fest verwurzelt zu sein.
Die turbulenten Zeiten der Reformation sieht man heute noch an einigen außerordentlich geschichtsträchtigen wie prächtigen Kirchen.
Neben der Annakirche, in der sich auch das Reformationsmuseum „Lutherstiege" befindet, und dem Dom ist die Doppelkirche von St. Ulrich zu nennen: Kath. St. Ulrich und Afra ragt weit über die Dächer der Stadt hinaus. Vom Perlachturm betrachtet, wird sie von der Alpenkette mit der Zugspitze begleitet.
Doch ebenso prächtig und voller Kunstschätze ist das Innere. Hier vereinen sich perfekt eine gotische Konstruktion mit dem Licht der Renaissance und der Ausstattung des Barock (nächste Seite).

Angelika Prem

2014

Klaus Lipa

Werner Renz

Evangelisch St. Ulrich ist baulich mit der katholischen Basilika verbunden. Die Kirche entstand aus einer Vorhalle, durch die Wallfahrer in die Abteikirche gelangten.
Solche Doppelkirchen gibt es nur wenige auf der Welt, doch in Augsburg gibt es sogar noch ein weiteres Paar: Ev. und Kath. Hl. Kreuz.

Angelika Prem

St. Moritz

Der streng katholische Jakob Fugger, der einst die großartige Renaissancekapelle der Annakirche finanzierte, war durch die Reformation um seine Stammkirche gebracht worden. Dies kam der Kirche St. Moritz zugute, die direkt neben dem riesigen Fuggerpalast stand.

In jüngster Zeit wurde die Kirche im Zuge der Renovierung durch eine außergewöhnliche Lichtarchitektur erheblich aufgewertet (nächste Seite).

Sehenswert sind die Skulpturen von Georg Petel.

Beatrice Schubert

Peter Bögl

Bilder: Beatrice Schubert

Angelika Prem

Der Augsburger Geschmack

Im 18. Jahrhundert wurden die Formen des Barock in Frankreich durch die sogenannten Rocaillen (muschelförmige Ornamente) weiterentwickelt. Kupferstiche dieser Muster wurden vor allem in Augsburg gesammelt und erweiterten bei den süddeutschen Stuckateuren das Formenrepertoire. Die Stilrichtung des Rokoko wurde deshalb auch „Der Augsburger Geschmack" genannt. Das Schaezler-Palais, heute Heimat der städtischen Kunstsammlungen, gilt als Musterbeispiel.
Doch die Freude an der Schöpfung neuer Formen nahm kein Ende. Augsburgs städtischer Reiz liegt in der gelungenen Mischung von Bauten aus Mittelalter, Renaissance, Barock, Rokoko, Historismus und Jugendstil.

Silvio Wyszengrad

Peter Bögl

Die Blüte des Rokoko

Der klar strukturierte Wandelgang des Schaezler-Palais weist noch in die Antike, während der prächtige Spiegelsaal überladen ist von Elementen des Rokoko. Das Schaezler-Palais war das nobelste Stadthaus des 18. Jahrhunderts in Augsburg.
Wir befinden uns mitten im Zeitalter der Aufklärung. Während in Nordamerika und in Frankreich Revolutionen anstehen, herrscht hier längst der Freigeist. Leopold Mozart wächst in diesem Klima auf und unterrichtet seinen talentierten Sohn.

Norbert Liesz

Roland Schnell

Historismus in Augsburg

Zahlreiche Gebäude der Augsburger Innenstadt sind im Stil des Historismus entstanden. Monumentale klassizistische Bauwerke wie in München fehlen jedoch. Neben den Bauten, die ganze Stadtviertel dominieren und zieren, wie z.B. das Bismarckviertel, gibt es auch besonders hervorstechende Prachtbauten. Das Kurhaus im Hessingpark ist ein bedeutendes Beispiel dafür.

Beatrice Schubert

Norbert Liesz

Der Charme der Innenstadt

Vom Domviertel (links) bis zum Bismarckviertel findet man diesen ansprechenden Architekturstil vor allem bei Wohnhäusern. Karl Albert Gollwitzer, der viele visionäre Ideen für Augsburg hatte, schuf an der Volkhartstraße einige besonders auffällig gestaltete Gebäude, mit z.T. maurischen Stilelementen.

Beatrice Schubert

Die Textilstadt

Zur gleichen Zeit entwickelt sich in der Baukunst aber auch die Industriekultur, die in Augsburg wegen der explodierenden Textilfirmen einige besondere Blüten hervorbrachte. Tausende von Arbeitern wurden damals benötigt und der dazugehörende Wohnraum. So entstanden neue Wohnsiedlungen, wie hier im Textilviertel, die sich noch heute sehen lassen können.

Die Textilherstellung ist Ende des 20. Jahrhunderts nach Fernost abgewandert, die alten Gebäude werden seitdem saniert und erhalten neue Funktionen. Das Alte Kesselhaus der Augsburger Kammgarnspinnerrei beherbergt heute Arztpraxen.

Bilder: Martin Küchelbacher

Norbert Liesz

Schlachthof und SWA

Der sogenannte Glaspalast der Spinnerei und Weberei Augsburg (SWA) ist heute ein Zentrum der modernen Kunst und beherbergt mit dem H2 das städtische Zentrum für Gegenwartskunst, das Museum Walter, die Galerie Noah und die Staatsgalerie Moderne Kunst, eine Zweigstelle der Pinakothek der Moderne in München.

Das schönste Gebäude des Schlachthofes, die ehemalige Käberhalle, wurde zur Erlebnisgastronomie.

Martin Küchelbacher

Sascha Schneider

Textilmuseum

In der AKS, der ehemaligen Augsburger Kammgarnspinnerei, ist heute das staatliche Textil- und Industriemuseum (tim) untergebracht. Eine riesige Stoffmustersammlung aus mehreren Jahrhunderten, Textilmaschinen im Schaubetrieb, historische Originale und ständig wechselnde Ausstellungen machen den alten Industriepalast zum Publikumsmagneten.

Bilder: Volker Mai

Dieter Gilessen

Gaswerk Augsburg

Das etwa acht Hektar große Gelände des Gaswerks Augsburg hat zum Teil park- und schlossähnlichen Charakter. Es gilt als Denkmal von europäischem Rang und ist einzigartig in Bayern. Fast alle Gebäude sind noch erhalten. An wenigen Tagen des Jahres, bei einem bestimmten Sonnenstand, erscheint „St. Gasius", ein Schattenspiel der Wendeltreppe.

Archiv der Gaswerkfreunde

Vom Jugendstil bis zur Moderne

Der Jugendstil läutete die Endphase des Historismus ein. In einigen Stadtvierteln ist der Übergang besonders deutlich zu sehen, wie z.B. im Bismarckviertel.

Bernd Wißner

Angelika Prem

Werner Renz

In der Blüte des Jugendstils

Im Beethovenviertel überwiegen hingegen Wohnhäuser aus der Jugendstilzeit. Sogar der Kesterbrunnen konzentriert sich auf die im Jugendstil gängige Darstellung von Sternzeichen und fügt den drei berühmten Prachtbrunnen hier einen Wassermann hinzu.

Angelika Prem

Dieter Gillessen

Jugendstiljuwel

Ein überregional beachtetes Jugendstiljuwel ist die Herz-Jesu-Kirche in Pfersee. Während der Bau außen neoromanisch ist, wird innen ein deutscher Jugendstil gepflegt. Herz Jesu gehört zu den schönsten Jugendstilkirchen Deutschlands.

Karl Fieger

Alexander Kaya

Eine Synagoge mit Museum als Brückenbauer

Ebenfallls aus der ausgehenden Jugendstilzeit stammt die Jüdische Synagoge in der Halderstraße, die eine gewisse Ähnlichkeit zur Herz-Jesu-Kirche aufweist. Das angeschlossene jüdische Kulturmuseum macht in hervorragender Weise mit den Bräuchen, Symbolen und Kultgegenständen dieser Religion vertraut und fördert das Verständnis.

Roland Schnell

Beatrice Schubert

Werner Renz

Thelottviertel, eine Stadt in der Stadt

Das Thelottviertel kann als erste „Gartenstadt" Deutschlands angesehen werden. Der Begriff stammt von dem britischen Stadtplaner und Sozialreformer Ebenezer Howard. Das Viertel zeigt noch Varianten des ausgehenden Jugendstils und überstand die Bomben des 2. Weltkriegs trotz der Bahnhofsnähe weitgehend unbeschadet. Es zeigt sich heute als ein beliebtes Wohngebiet, auch für Pendler aus München.

Roland Schnell

Das moderne Augsburg

Nachdem trotz erheblicher Kriegsschäden ein Großteil der alten Bausubstanz den Raum der Innenstadt prächtig füllt, ist wenig Platz für repräsentative Neubauten. Sie haben es aber auch schwer, sich gegen die Urbanität und Formenfülle vergangener Zeiten durchzusetzen. Man findet nur wenige eindrucksvolle Gebäude in Citynähe, wie die Stadtsparkasse und den neuen Königsplatzpavillon. Industriebauten, wie z.B. die Verwaltung der MAN, sind eher am Rand der Innenstadt angesiedelt.

Angelika Prem

Stadtsparkasse
Augsburg
kasse

Martin Küchelbacher

Augsburgs Highlight der Moderne: das Kongresszentrum

Neben St. Ulrich wurde in den 1970er Jahren der Hotelturm, der ähnlich weit aus dem Stadtbild herausragt, zu einem weiteren Wahrzeichen der Stadt. Dem „Maiskolben" schließt sich der Betonbau des „Kongress am Park" stilistisch passend an.

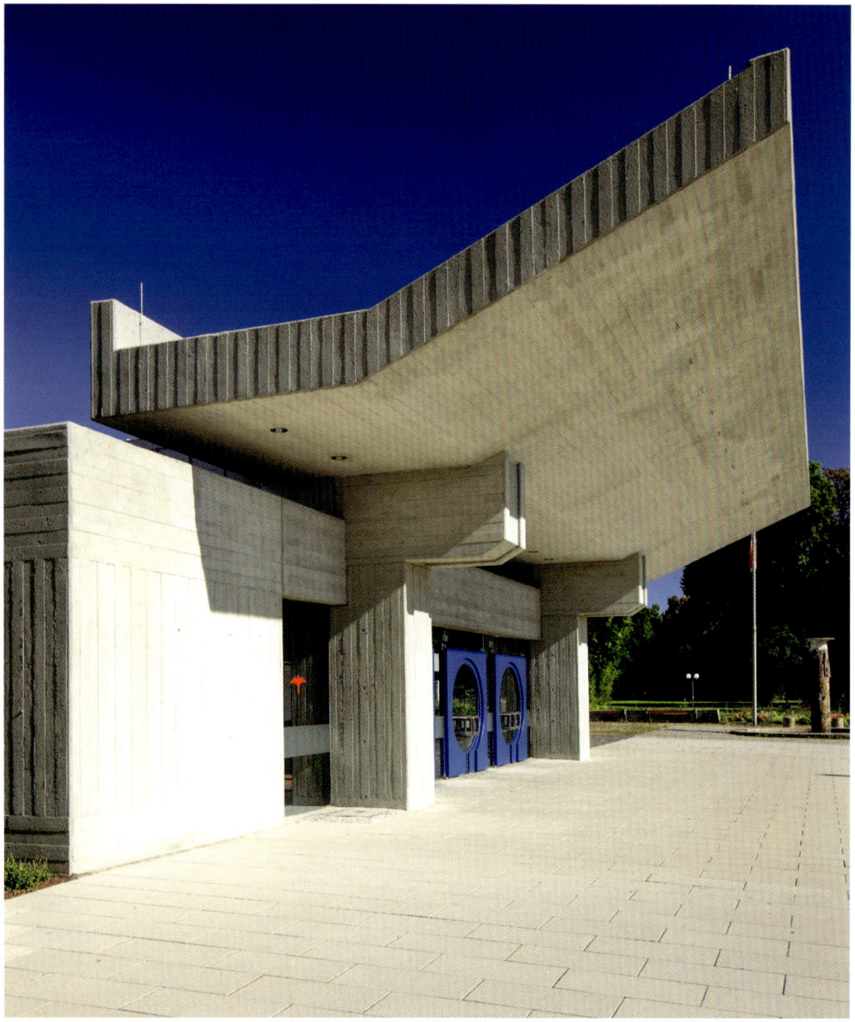

Bilder: Norbert Liesz

Norbert Liesz

Offene Räume für alle: die Neue Stadtbücherei

Auf einem der wenigen freien Plätze der Innenstadt entstand die Neue Stadtbücherei, die außen wie innen ganz neuen Architektur- und Nutzungskonzepten folgt.

Alfred Neff

Moderner Wohnungsbau auf altem Gelände

Auf den Arealen der ehemaligen Textilindustrie und der in den 1990er Jahren abgezogenen US-Armee entstehen über einen größeren Zeitraum hinweg neue Wohnviertel. Die Einbindung der typischen Augsburger Kanäle, großzügiger Grünflächen, aber auch interessanter historischer Gebäude sind dabei Standard.
(linke Seite Sheridan-Park, unten links Kriegshaber und Herrenbach, rechts Pfersee)

Martin Küchelbacher

Bilder: Angelika Prem

Die grüne Stadt

Neben den vielen prächtigen Bauten aus über 500 Jahren gibt es in der Stadt auch eine Reihe von grünen Oasen. Nicht alle sind so bekannt wie der Augsburger Zoo. Absolute Publikumslieblinge sind die Kattas, die in einem offen zugänglichen Gehege mit den Besuchern hin und wieder Kontakt aufnehmen. Die Seehunde sind ähnlich ballversessen wie die FCA-Fans, was den Tiger hingegen völlig kalt lässt.

Norbert Liesz

Dieter Gillessen

Dieter Gillessen

Angelika Prem

Botanischer Garten

Der benachbarte Botanische Garten bietet Bereiche der Erholung und Erbauung. Mehrere Lehrgärten sind Inspiration für den heimischen Garten. Besonders der Japangarten ist zu jeder Jahreszeit Augenweide und Seelenbalsam.

Norbert Liesz

Mitten in der Stadt

Das Domviertel hat zwei herrliche Parkanlagen rund um die Gebäude der Regierung von Schwaben. Im Süden reicht der Fronhof (hier mit der Mozartstele) bis zum Dom, im Norden ist der Hofgarten (Bilder rechte Seite) ein städtisches Kleinod besonderer Güte.

Bilder: Angelika Prem

Klostergarten und Park

Mehrere Klostergärten befinden sich mitten im Stadtgebiet. Sie sind nicht öffentlich, aber Besucher dürfen hineinschauen, wie hier bei Maria Stern unterhalb des Rathauses.
Der Wittelsbacher Park beim Hotelturm erfreut die Bürger mit Wiesen, Wald und einem Teich.

Bilder: Angelika Prem

Augsburgs Wälder

Augsburg gehört weltweit zu den Städten mit dem größten Waldanteil im Stadtgebiet.
Vier Wälder gehören dazu: der Stadtwald mit Siebentischwald und Siebentischpark (Bild unten),

Angelika Prem

der Naturpark Westliche Wälder (unten rechts), die Wolfzahnau, ein richtiger Urwald (unten links), und die Wertachauen (rechts).
Schon wieder eine Dachmarke, mit der Augsburg punkten könnte!

Ulrich Wagner

Eberhard Pfeuffer

Norbert Liesz

Blick von der Jakobskirche